锻炼脑力思维游戏

图形谜题

编著：王维浩

吉林科学技术出版社

前　言

　　玩，是少年儿童的天性。为了让少年儿童玩出乐趣，玩出新奇，玩出品位，玩出智慧，越玩越聪明，我们推出了"锻炼脑力思维游戏"系列图书。该系列图书共分八册，每册均以不同的内容为主题，编创了有趣的、异想天开的智力游戏题。游戏是伴随孩子成长的好伙伴，孩子会在游戏中开发大脑，收获知识。

　　本册《图形谜题》，以游戏的方式向孩子们展示图形间变换的乐趣。重点在培养孩子的几何学能力，课余时间做游戏习题，增长知识储备，又能放松精神，让孩子们刚到丰富的趣味性，可谓是一举两得。

　　"锻炼脑力思维游戏"系列图书，图文并茂，集知识性、娱乐性和可操作性于一体，既能把课堂上学到的知识运用到游戏当中，又能使课堂上学到的知识得到相应的延展，既为孩子们开启了玩兴不尽的趣味乐园，又送上了回味无穷的益智美餐。

问题

填动物

这里有几种动物图形，请你找出它们的变化规律，推断出问号处该填上什么动物的图形。

问题

日月星

这里有太阳、月亮和星星图案，请根据前两行的排列规律，推断出第三行问号处应该填什么图案。

答案

应该填右面所示的图形。

答案

应填上星星图形。

什么图形

请你根据前两行图形的排列规律，推断出第三排问号格里该填上什么图形。

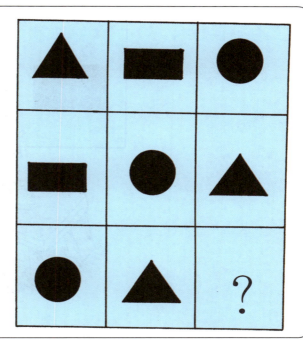

摆物品

这里有碗、杯子和热水瓶三种物品，请你根据前两行摆放变化的规律，推断出第三行问号处该摆什么物品。

答案

应填入长方形。

答案

应摆上碗。

问题

小鱼儿

图中有三种鱼，请问，问号格里该放入什么形状的鱼？

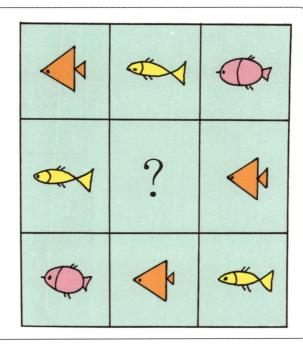

问题

数字

请你根据前两行数字变化的规律，推断出问号处该填什么数字。

4	4	4
5	5	5
6	?	6

 答案

应放入椭圆形鱼。

答案

应填上数字6。

为什么
不是我！

问题

选物品

这里有手套、酒杯和剪子，请你根据图中的排列规律，推断出问号处应该放什么物品。

问题

选字母

请你从图中的字母找出排列的规律，再推断出空格处该填什么字母。

A	B	C	D	E
B	B	C	D	E
C	C	C	D	E
E	E	E	E	E

答案

应选剪子。

答案

第四行字母排列应
为 D、D、D、D、E。

A	B	C	D	E
B	B	C	D	E
C	C	C	D	E
D	D	D	D	E
E	E	E	E	E

提包问题

这里有几种形状的提包，请你根据图中的排列规律，推断出问号格里应该放什么形状的提包。

选帽子

这儿有三种帽子图，请你找出它们的变化规律，推断出问号处该填上哪种形状的帽子。

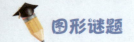
应放入六边形的提包。

第三行的帽子一样。

问题

这里摆着三种物品。请你根据前两行的摆放规律，推断出第三行问号格里应该摆什么物体。

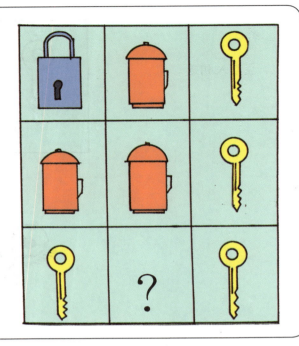

问题

数字

请你注意这些数字有什么变化规律，推断出问号格里应该填上什么数字。

1	2	3
2	2	3
3	3	?

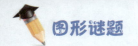

图形谜题

答案

应摆入钥匙。

答案

应填入数字 3。

为什么不选我！

问题

填图形

请你根据后两行图形的排列规律，推断出第一行问号格里应该填入什么图形。

问题

排动物

这里有小猴、小猫和小兔三种动物头像，请你根据前两行动物头像变化的规律，推断出第三行问号格里应该填什么头像。

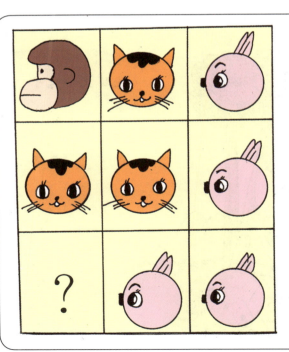

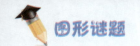

应填入圆形。

答案

应填上小兔子
的头像。

问题

放水果

请根据后两行水果的摆放规律，推断出第一行问号格里应该放入什么水果。

问题

小树

请你根据这些小树摆放的规律，推断出问号格里应该放入什么树。

答案

应放入西红柿。

答案

应放入左图中图形。

问题

帽子

请你根据图形的变化规律，推断出最后一顶帽子该是什么图案。

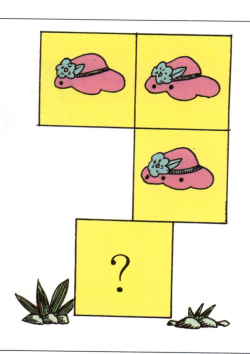

问题

摆水果

这里有苹果、梨和香蕉三种水果，请你根据前两行的排列规律，推断出问号格该摆上什么水果。

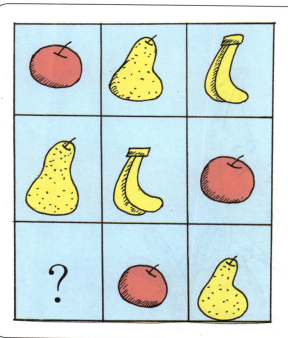

答案

帽子上应该有 4 个黑点。

答案

应摆上香蕉。

填图形

请你根据图形的变化规律，推断出问号处应是什么图形。

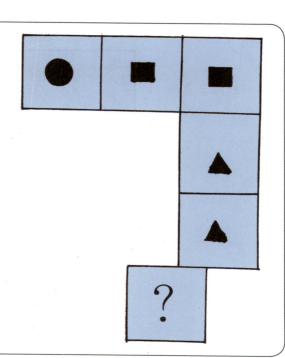

脸谱

请你仔细观察左图，找出这三种脸谱排列的规律，推断出问号格里应该填入哪种脸谱。

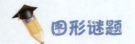

答案

应为三角形。

答案

应为上图这种脸谱。

问题

圆的方向

这是一个圆，请你根据圆缺口的变化规律，推断出问号处圆的缺口方向。

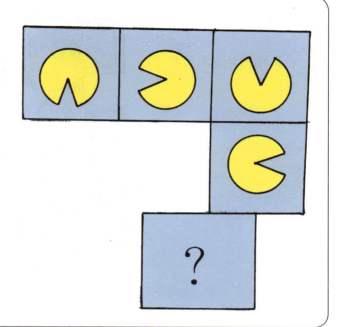

问题

正方形

请你根据前四个图形变化的规律，推断出问号处应是什么图形。

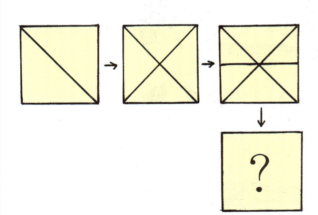

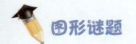

答案

圆的缺口方向应朝下。

答案

应为这样
的图形。

问题

箭头方向

请你根据指针箭头方向的变化规律，推断出问号处指针箭头的方向。

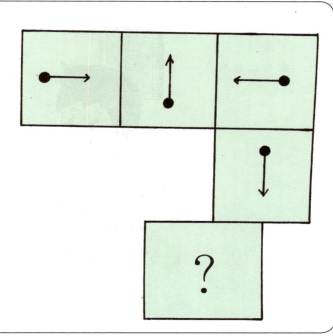

问题

星星、月亮、太阳

这里有星星、月亮和太阳，请你根据它们排列的变化规律，推断出问号处该填什么图形。

答案

箭头应朝右。

答案

应为星星图形。

问题

###

请你根据图案的变化规律，推断出最后一个图案来。

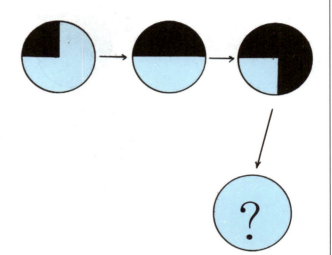

问题

角的方向

请你根据图形变化的规律，推断出问号处角的方向。

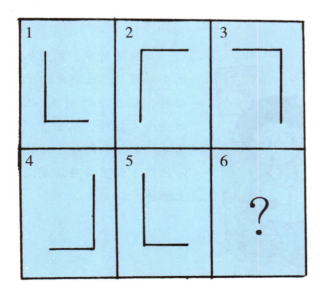

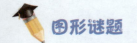

答案

应为一个全黑的圆形。

答案

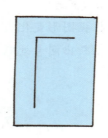

如左图所示。因为从图1到图2，图形是向上翻转，从图2到图3，图形是向左翻转，从图3到图4，又向下翻转。故推断出图5到图6应该是向上翻转。

请你根据前三个图形的变化规律，推断出问号格里应该画什么图形。

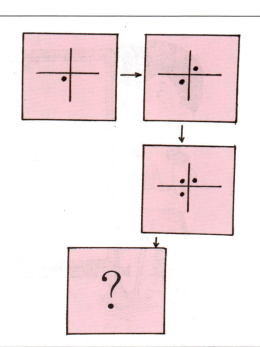

请你根据前三个图形的变化规律，推断出问号处应该画什么图形。

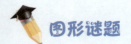

答案

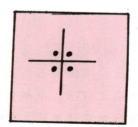

答案

问号处应该画长方形，因为前三个图形是逐个递加一条直线。

问题

正方形的变化

请你根据前三个正方形图的变化规律，推断出第四个正方形的图案来。

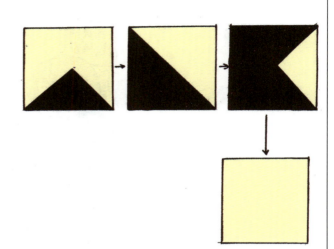

问题

变图形

请你根据前三个图形的变化规律，推断出问号格里应该是什么图形。

答案

一个全黑的正方形。

答案

问题

请你根据前三个三角形的变化规律，推断出第四个三角形的图案来。

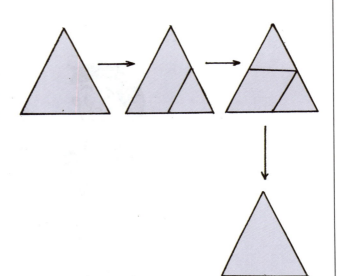

问题

小圆点

请你根据前三个图形的变化规律，推断出问号格里应该是什么图形。

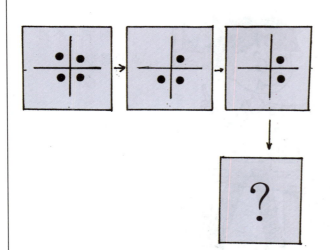

应是这样一个图案。

答案

剩下一个圆
点的图形。

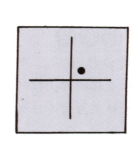

问题

正方形

请你根据前三个图形的变化规律，推断出问号处的图形来。

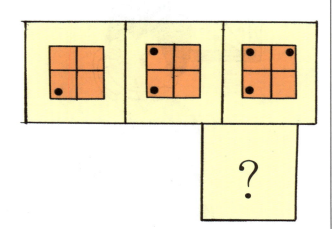

问题

线段与图形

你看出来了吗，这些图形有什么变化规律？请你在问号格填入适当的图形。

应填入五边形。

小圆的位置

　　请你按顺序观察各图的变化规律，推断出最后一个图形中小圆的适当位置。

想图形

　　请你根据前三个图形的变化规律，推断出问号格里应该是怎样的一个图形。

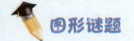

图形谜题

答案

小圆的位置如图所示。

答案

应是一个三角形。

问题

钥匙方向

这是一把钥匙，请你根据前几次钥匙摆放方向的变化规律，推断出问号格里钥匙的方向。

问题

选图案

请你观察这些图形的变化规律，推断出问号格里应该填入下排的几号图案。

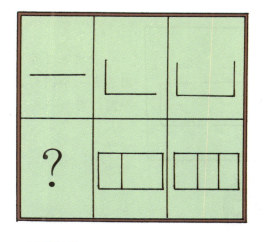

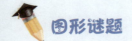

图形谜题

答案

钥匙的方向应向上，因为钥匙是按顺时针方向旋转的。

答案

应填入 2 号图案。因为每一个图形比前一个图形增加一画。

涂色

请你仔细观察图形1和2中黑色部分的变化规律，推断出图形3的哪些部分应该涂黑色。

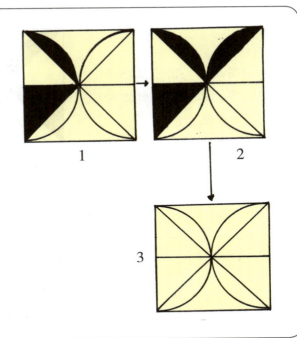

问题

填图形

请你根据前三个图形的变化规律，推断出问号格里应该画什么的图形。

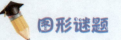

答案

　　如图所示。图中黑色三角形不变，弧形顺时针方向依次变为黑色。

答案

　　只剩一条横线或一条竖线。

请你根据前三个图形的变化规律，推断出问号格里应该画什么图形。

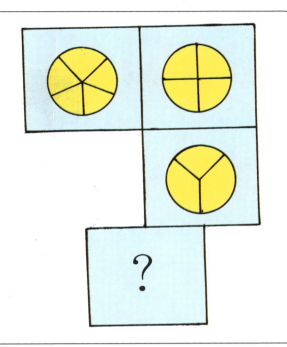

排图形

请你仔细观察第一排前两个图形的变化规律，推断出问号格里应放入第二排的哪一个图形。

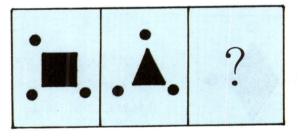

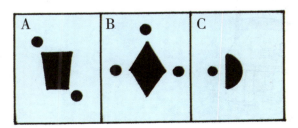

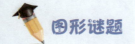
答案

应为一分为二的图形。

答案

应放入图形 B。因为第一排图形中，每个图形都有 3 个小圆点。

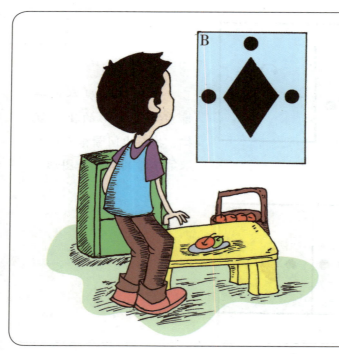

山的方向

请你根据前四个图形的变化规律，判断出问号格里的"山"字朝哪个方向开口，为什么？

填图形

请你根据前三个图形的变化规律，推断出问号格里应该画什么图形。

答案

"山"字的开口应朝右，因为"山"字在沿顺时针方向旋转。

答案

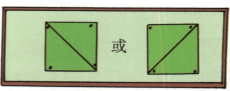

因为从前三个图形的变化规律可看出后一个图形都是比前一个图形少一条直线，多一个黑点，所以，再减掉一条线答案就有可能出现上图中的两种情况。

046

问题

请你仔细观察图形A、B的涂黑色部分，然后根据其变化规律，推断出图形C应该怎样涂色。

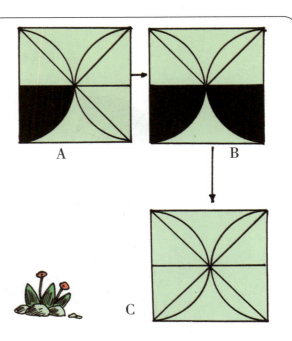

问题

填图形

请你仔细观察分析，找出图形的变化规律，推断出问号处应填入什么图形。

应该这样
涂色。

问题

 选字

请你仔细观察上行字的特点，然后推理出问号处选下行哪一个字合适。

寸	万	?

天	千	中

问题

 变图形

请你根据现有三个图形的变化规律，推断出问号格里应该是什么图形。

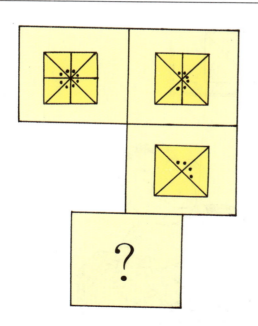

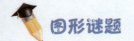

答案

应填入"千"字。因为上排每个字都是三画。

答案

问题

涂色

请你仔细观察图形1、2的涂黑色部分，然后根据其变化规律，推断出图形3该怎样上色。

问题

花与叶

请你仔细观察第一行前三个图，推断出应该把第二行的几号图形填进问号格里，为什么？

1   2   3   4

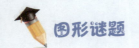

答案

如图所示。

答案

应选 2 号图形。因为第一行前三个图形都是树叶。

问题

变图形

请你仔细看看这三个图形有什么变化规律，推断出问号格里应该是什么样的图形。

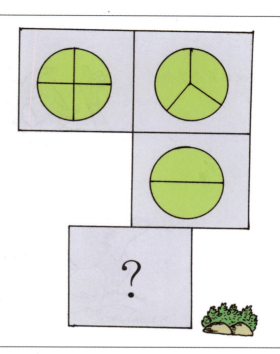

问题

选图形

请你根据图形的变化规律，推断出问号格里应选入下排哪个图形。

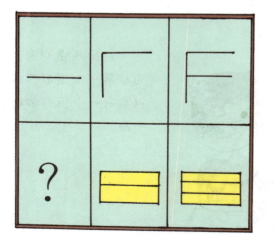

A   B   C

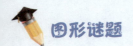

应该是个圆形。

应选入图形 B。因为从第一个图形开始，以后每一个图形都增加一画。

问题

请你找出前四个图形的共同特点，推断出问号格里填几号图形合适，为什么？

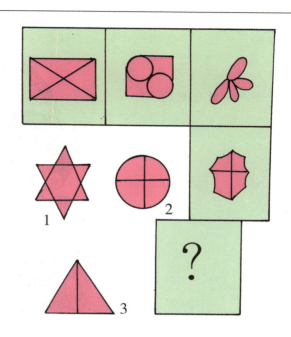

问题

拖拉机

请你仔细观察前几辆拖拉机的变化规律，推断出问号格里应是一辆什么样的拖拉机。

055

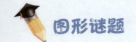

答案

应选入 2 号图形, 因为以上图形都被分割成 4 份。

答案

一个无轮拖拉机。

问题

转动的图

请你找出前四个图形的变化规律，推断出第五个图形应该是什么样子，并说说为什么。

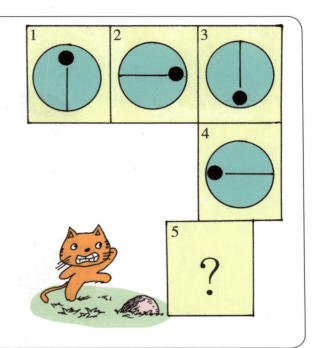

问题

变化的图

请你根据前三个图形的变化规律，推断出问号格里应该是什么图形。

答案

应与第一个图案相同，因为图形在沿顺时针方向旋转。

答案

问题

填图案

请你根据前几幅图案的变化规律，推断出问号格里该填入什么样的图案。

问题

选水果

请你找出第一行前三种物品的共同点，推断出把第二行的什么东西填在问号格里合适，为什么？

答案

图形变化的规律是每次上排小方形减少一个，下排圆形增加一个。所以问号处图形应如右图所示。

答案

应该选梨。因为第一排全是水果。

选图形

请你找出前五个图形变化的特点，推断出问号格里应该填下一行的哪个图形。

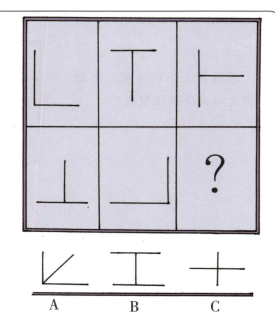

A　　B　　C

问题

填图案

请你根据前三个图形的变化规律，推断出问号格里应该是怎样的图形。

图形谜题

答案

应选择 C。因为前五个图形都是由两条线段组成的。

答案

应该是这样的图形。

问题

选图形

请你找出前五个图形的共同点，推断出问号格里选哪个图形合适，为什么？

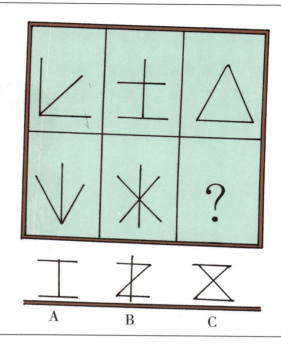

A   B   C

问题

选字母

请你找出这些字母有什么规律，推断出问号格里填入下排哪个字母合适。

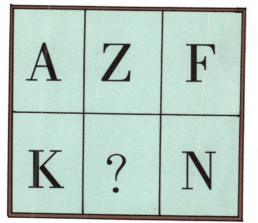

E   M   H
1   2   3

应选图形 A。因为前五个图形都是由三条线段组成的。

应选 3 号图形。因为方格里的所有字母都是 3 划。

问题

填图形

请你按照上下顺序观察各图的变化规律，推断出空方格中该填上什么图形。

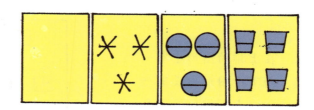

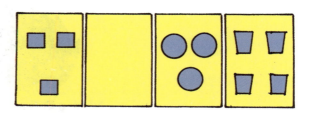

问题

选图形

请你根据方格内图形的变化规律，推断出问号格里应该填入下排的几号图形。

1　　　2　　　3

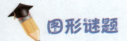

在上排的图形中有一横，而下排图形内没有一横。所以上下排所缺图形应如右图所示。

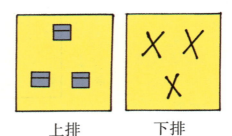

上排　　　　下排

3

应选3号图形。因为方格中所有图形都是4条线段组成。

问题

图形组合

请你认真观察，找出已有图形的排列规律，推断出每一行的问号处应该填什么图形。

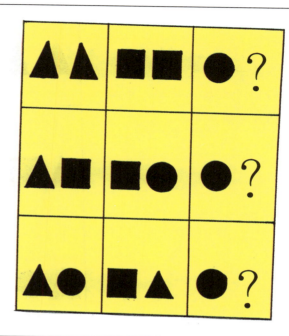

问题

变化的图形

请你仔细看看，找出前六个图形的变化规律，推断出问号格里应该是什么图形，为什么？

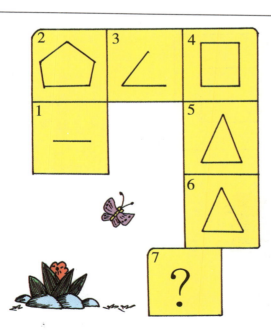

第一行问号处填圆；第二行问号处填三角形；第三行问号处填正方形。

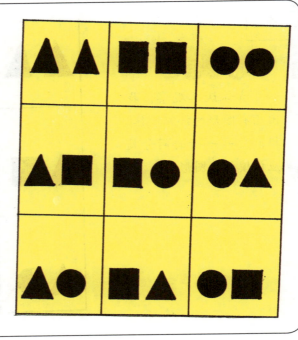

答案

问号格里可以是任何四边形。因为1、3、5图都是递增一条线，而2、4、6图都是递减一条线，因此第7图应是5图再增加一条线而。

问题

推断图形

请你根据前四个图形的变化规律，推断出第5、第6个图形应该怎样画。

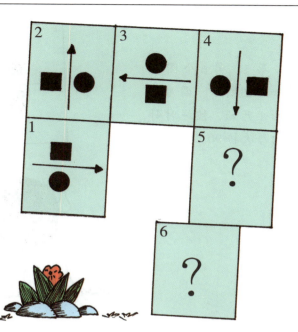

问题

填图形

请你认真观察上一行前两组图形，找出规律，推断出问号方格应该填下一行的哪组图形，为什么？

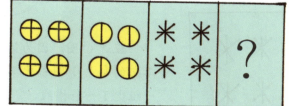

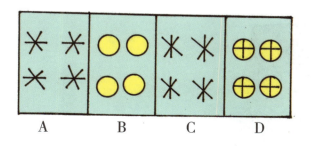

A   B   C   D

 图形谜题

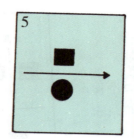 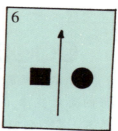

答案

第 5、第 6 个图形应如右图所示。因为从图形 1 开始，按逆时针方向每次转 90 度。

答案

C

应选 C 图。因为第二组的每个小图都比第一组少了一条横线。

填文字

请你仔细观察第一排方格里的文字规律，推理出应将第二排的哪个文字填入空格里。

不	？	仁

东	西	王

问题

图形连接

请你根据前六个图形的变化规律，判断出问号处应该画什么图形，为什么？

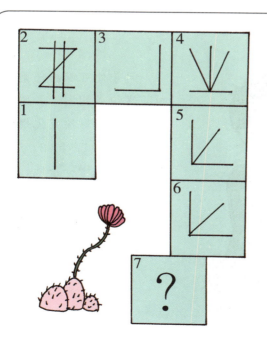

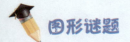

答案

应选"王"字。因为上排的文字都是四画。

答案

问号处可以画任意四条线组成的图形。因为前六个图形按变化规律分为两组，1、3、5图形逐个递增一条线，而2、4、6图则逐个递减一条线。

问题

选图形

请你根据前三个图形的变化规律，推断出问号格里放入哪个图形适宜。

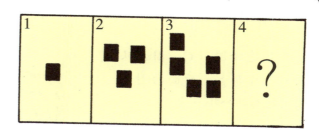

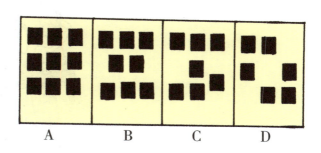

A　　　　B　　　　C　　　　D

问题

涂色

请你找出前五个图形的变化规律，推断出第六个图形应该是什么样的。

答案

应选择图形 C。因为从第一个图形起，后面的图形依次增加两个小正方形。

答案

如左图所示。从 1 起，上方黑色三角形逆时针翻转一次，下方黑色三角形按顺时针翻转六次。

问题

填图形

请你仔细观察第二行和第三行图形，好好想一想有什么规律，推断出第一行问号处应该是什么图形，为什么？

问题

推图形

请你找出前几个图形的变化规律，推断出问号处应该填入什么样的图形。

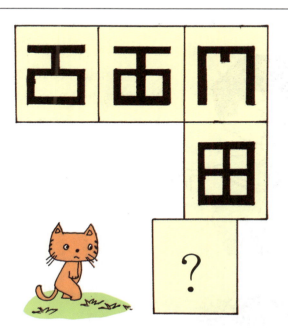

答案

第一行的问号处应是个
圆形。因为第二行和第三行
的最后一个图形，都只保留
了第一个图形增加的部分。

答案

应为数字"9"的
镜像的两个图形组成。
因为图中分别是数字5、
6、7、8的镜像图形组
成的图形。

问题

推理图形

请你根据 1、2、3 号图形的变化规律，推断 4 号格里应该是一个什么样的图形。

问题

填图形

请你根据前三个图形的变化规律，推断出问号处该填什么样的图形。

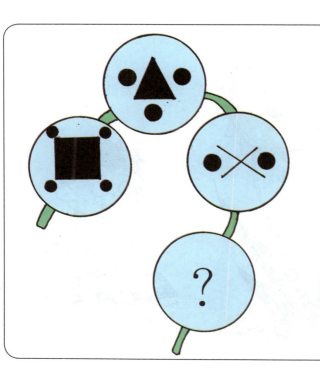

如右图所示。

或

如左图所示。

问题

选图形

请你仔细观察上排前三个图形的变化规律，推断出问号处选择下排哪个图形最合适。

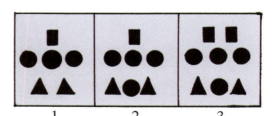

1   2   3

问题

变化的图形

请你根据前四个图形的变化规律，推断出问号格里应该是一个什么样的图形。

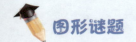

答案

应选1号图形。因为每一方块中的第一处小方格数量依次减少，第二方块引入一个新图形，随后依次增加一个，第三方块为引入一个新图形，如此类推。

答案

应该是一个全黑的圆。

选图形

请你仔细观察上排图形的变化规律，看看下排图形中的哪个应填在上排问号格里。

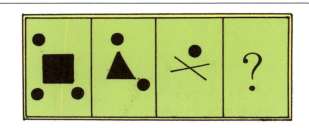

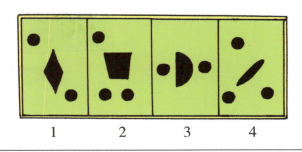

1   2   3   4

插花

请你仔细观察这些花瓶插花的变化规律，推断出问号处的花瓶应该插几朵花。

答案

从这一排图形的变化规律来看，是从左向右，每幅图中减少一个圆和一条直线。所以，问号格里应该是一条线，选项中并没有正确答案。

答案

应该插双数的花。因为直瓶插的花是双数，曲瓶插的花是单数。

问题

请你根据前两行图形排列的规律，推断出问号格里应该填什么图形。

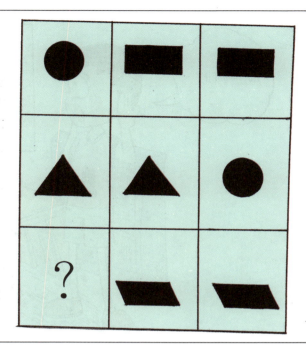

问题

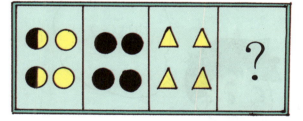

请你仔细观察上排前三个图形的变化规律，推断出下排中哪个图放在上排问号格里合适。

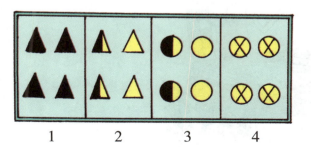

083

问题

选图形

请你根据前面几个图形的变化规律，推断出下排的几号图形放在问号格里比较合适。

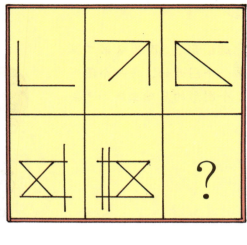

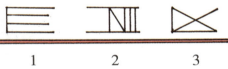

1   2   3

问题

时钟

请你观察一下，这些时钟有什么规律，然后推断出问号格里应放入几号时钟合适。

085

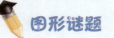

答案

选图形 2。因为从第二排的第一个图开始，每一个图形在上个图形的基础上增加 3 条线。

答案

应放入 2 号钟。因为所有钟都是圆形的。

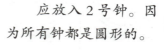

问题

选图形

请你根据前几个图形的变化规律，推断出第二组的图形中，哪一个最适合放在第一组的问号格里。

1   2   3   4

问题

涂色

请你仔细观察前两个图形的变化规律，推断出第三个图形应填上什么图案。

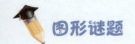

图形谜题

应选 4 号图形。因为从左向右，图中的圆形越来越大。

答案

应该是这样的图形。

推理图形

请你根据第一排图形的变化规律，推断出第二排问号格里应是怎样的图形。

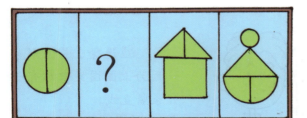

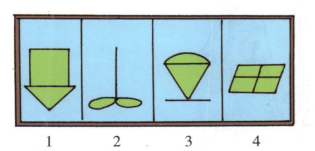

选图形

请你看一看第一行的三个图形有什么共同点，推断出第二行哪个图形放在问号格里合适，为什么？

1   2   3   4

答案

如图所示。

答案

应选择2号图形。因为上图图案中都有一条竖直线。

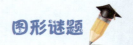

 问题

补图案

请你根据前三个图形的特点，推断出问号格里应补上什么图案。

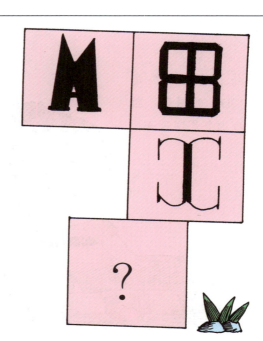

问题

推理图形

请你根据前几个图形的变化规律，推断出问号格里应是什么图形。

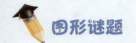

答案

补上的图案应是字母"D"的图案。因为前面几个是字母A、B、C。

答案

如图所示。图中大圆黑色部分顺时针方向每转45度增加黑色面积，线条部分顺时针方向转22.5度，减少线条部分面积。小圆顺时针方向每次增加90度，故为黑色。

问题

请你观察已有的五个图形，找出变化规律，推断出问号处分别应该是什么样的图形。

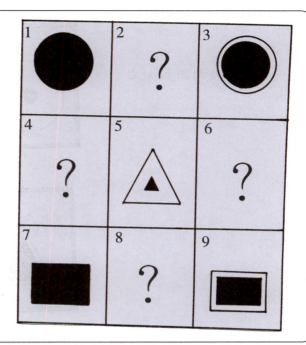

问题

请你找出方格里四个图形的共同点，推断出问号处应该填几号图形，为什么？

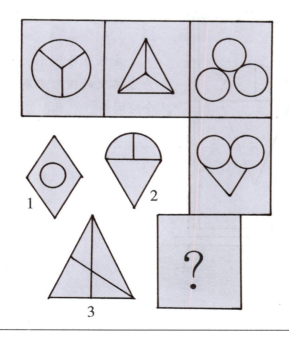

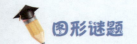

各问号处的图形如右图所示。

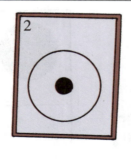

应选 2 号图形。因为方格里的图形都有三个空间。

问题

什么图形

请你根据前两行图形的变化规律，推断出第三行问号格里应该是一个什么样的图形。

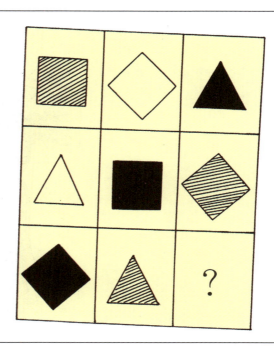

问题

填文字

请你仔细瞧瞧，上排文字有什么规律，推断出问号处填入下排中的哪个字合适。

下	工	土	?

中	半	天	山

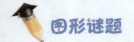

答案

应该为空白的正方形。

答案

应填入"山"字。
因为第一排的字都是三
画的字。

山

变化的脸谱

请你仔细观察 1、2、3 幅脸谱的变化规律，推断出空格处的脸谱图案来。

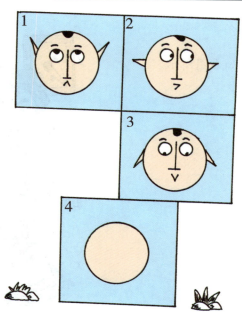

填图形

请你仔细观察图形的变化规律，推断出问号格里填入几号图形合适。

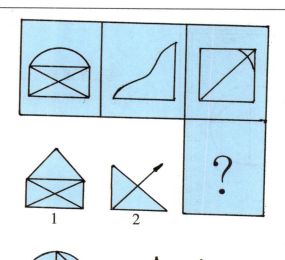

如右图所示。

答案

选 3 号图形合适。
因为图中都有曲线。

问题

区别图形

请你仔细观察这几个图形的变化规律，推断出哪一个图形有别于其他四个。

问题

几号图形

请你仔细观察方格中图形的变化规律，推断出问号格里应放入几号图形合适。

1

2

3

?

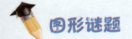

答案

D 图形。因为除 D 之外，其他所有图形中的小三角形都是它们所围绕的图形边数的二倍。

答案

应填入 1 号图形。因为方格中的所有图形都有四个空间。

问题

请你仔细观察方格中图形变化的规律，推断出问号格里放入几号图形合适。

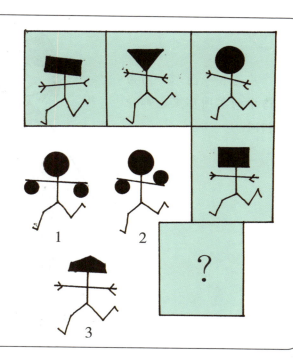

1

2

3

问题

辨认图形

请你好好地观察一下这些图形，推断出其中哪个图形与众不同。

答案

应选 3 号图形。因为方格中的各图形黑色部分不相同。

答案

3 号图与众不同。因为它里面的线条只有两个方向，其他的都不止。

问题

填字

请你认真分析上排四个字有什么共同的规律，推断出下排哪个字放入问号格里合适。

鉴	柴	汞	灾
			?

培	灶	辛	至

问题

字母

你按照这些字母排列顺序的规律，推断出下一个字母应该是什么。

1 L	2 N	3 Q
		4 U
		5 ?

答案

应选"至"字放入问号格中。因为上排四个字的下部依次为金、木、水、火，所以应选下部是土的"至"字。

答案

应选Z。按字母顺序，从L到N，从N到Q，从Q到U之间分别相隔一、二、三个字母，所以接下来的字母应和U相隔四个字母。

推理图形

请你根据图中变化的规律，推理出空格中长方形的图案。

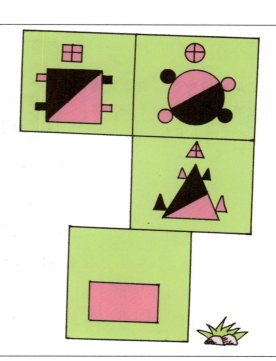

问题

填数字

请你仔细观察方格里的数字有什么变化规律，推断出问号格里放上哪个数字合适。

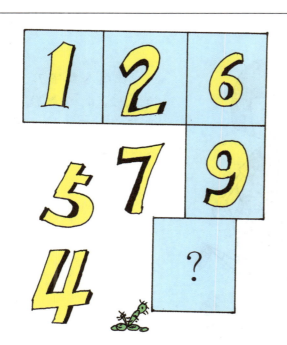

答案

如右图所示。规律是图形都有黑白且面积平分，另加五个同形小图形。

答案

应填入数字7。因为1、2、6、9都能一笔写成，而4、5则需要用两笔写成。

脸谱

请你仔细观察这些脸谱变化的规律，推断出哪个图没有按规律组合。

问题

变化

请你仔细观察图形的变化规律，推断出接下来的是个什么图形。

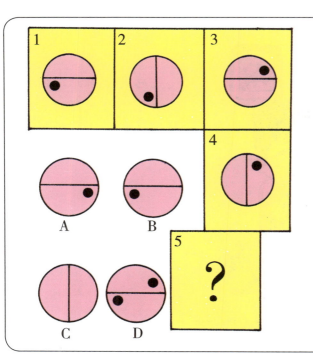

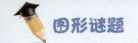

答案

图5没有按规律组合。因为他的耳朵反了。

答案

应是B图形。因为2、4图形每次递时针旋转180度，1、3图形每次顺时针旋转180度。

问题

绘图形

右侧三幅图是按一定规律排列的，请你推断出第四幅图是什么样。

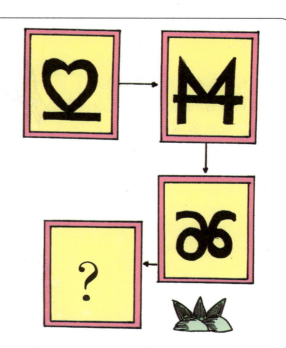

问题

正方形和圆

请你仔细观察这些图形的变化规律，推断出哪一个图形有别于其他四个图形。

答案

前面三个图分别是由2、4、6的镜像图形连在一起组成的，所以第四幅图应该是两个8连在一起的图形。

答案

B图形。因为B图形没有其他四个图形均有的部分，即分割正方形而形成的正规三角形。

旋转

请你按照前四个图的顺序，推断出第五个图形应是 A、B、C、D、E 中的哪一个图形。

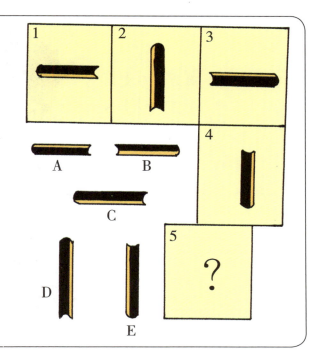

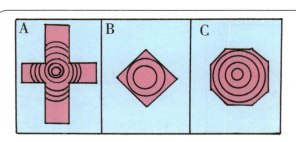

找不同

请你仔细观察这些图形，推断出哪个图形有别于其他四个图形。

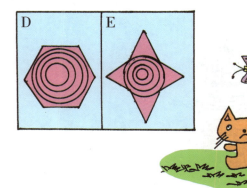

图形C。因为图形变化的顺序是顺时针方向每次旋转90度。

D 图形。因为除 D 图之外，其他各图中圆的数目等于相关图形之边的数目的一半。

问题

请你观察一下，这几个图形有什么变化规律，推断出空格处应该是什么图形。

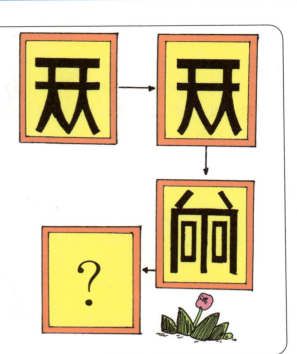

问题

请你仔细观察这些图形的变化规律，推断出哪一个图形与众不同。

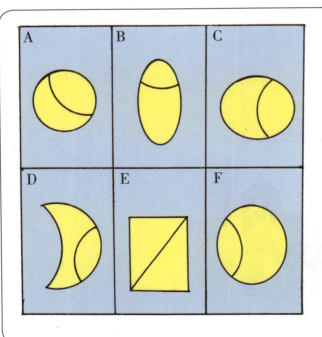

答案

应是汉字"上"的正反图形。因为前几个字是正反的"天天向"。

答案

E 图形。因为其他的图形都没有直线。

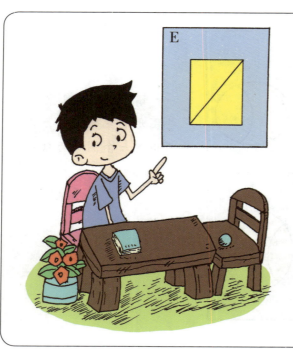

问题

组成

请你仔细观察这些图形，推断出哪一个图形与众不同。

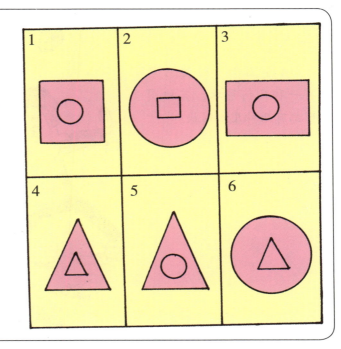

问题

旋转

请你仔细观察方格中图形的变化规律，推断出问号格里放入哪个图形合适。

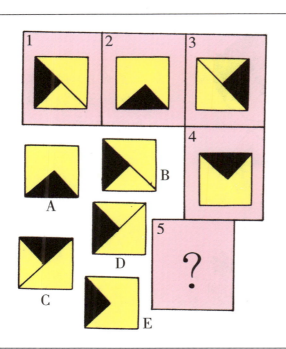

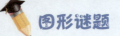

答案

4号图形。因为它只有一种几何形状，其他图形都有两种几何形状。

答案

图形B。因为黑色三角已经旋转到了第一张相同的位置。

请你仔细观察前四个图形的变化规律，推断出问号格里是 A、B、C、D、E 中的哪个。

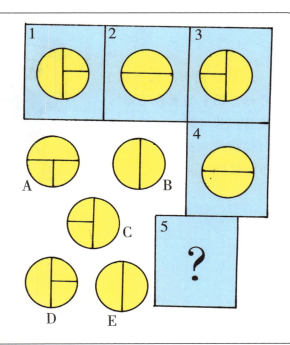

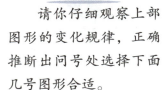

选图形

请你仔细观察上部图形的变化规律，正确推断出问号处选择下面几号图形合适。

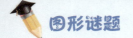

应为 D 图形。因为从 1
图开始，图中的长线沿顺时
针旋转，长线到达水平位置
的时候短线被覆盖，长线垂
直的时候短线出现。

应选择 5 号图形。

谁最适合

你认为将第二排的哪一个图形填入第一排问号格里，才能使第一排的图形呈现一定的规律性。

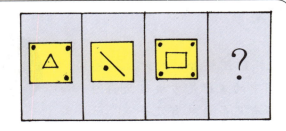

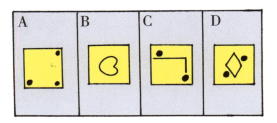

选图形

请你找出上图中前两行图形变化的规律，推断出下面四个图形哪一个填入问号处合适。

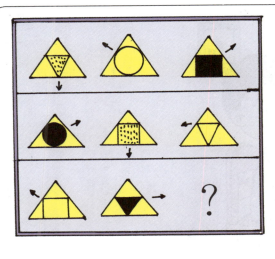

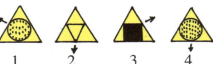

答案

　　C 图适合。因为上排图形中的规律是方块里面的图形有几条边就有几个点，所以，只有 C 图符合要求。

答案

应选入 4 号图形。

问题

选图案

请你仔细观察方格中图形的变化规律，推断出问号格里填入几号图案合适。

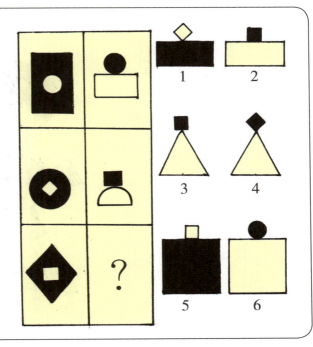

问题

独特者

请你仔细观察这些图形，其中有一个不按规律组合，请你推断出是哪一个图形。

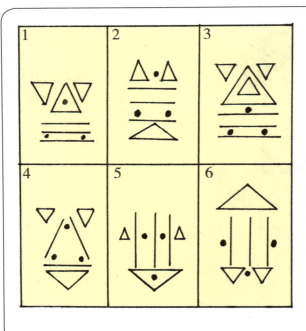

答案

应是 4 号图案。因为按规律黑色部分去掉一半并变为白色，而白色图形变为黑色。

答案

3 号图形没按规律组合。因为它比其他图形多了一个三角形。

问题

填图案

这是一些体育运动的图案，你认为几号图案最适合放在问号格里。

问题

不同

请你仔细观察这些图形，推断出哪一个图形有别于其他四个图形。

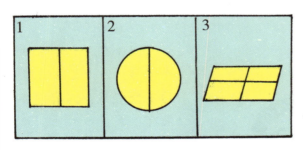

答案

应放入2号图形。因为只有2号图形才只有一个图形。

答案

图3有别于其他四个图形。因为其他图形均有竖直线，只有图3没有。

规律

请你仔细观察这些图形，推断出哪个图形与众不同。

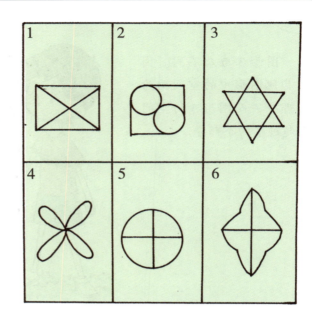

独符

请你仔细观察这些图形的变化规律，推断出哪一个图形没有按规律组合。

答案

　　图形3与众不同。因为其他图形中的空间均为四部分，而图形3的空间则超过了四个部分。

答案

　　图形5没按规律组合。因为图形1与图形3相同，图形2与图形4相同，故图形5为答案。

问题

填图形

请你仔细观察方格中图形的变化规律，推断出问号格里选下排几号图形合适。

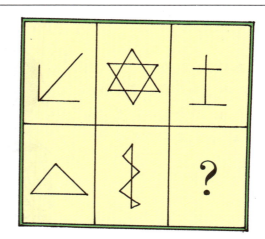

| 1 | 2 | 3 | 4 | 5 |

问题

选图形

请你仔细看看方格中的图形，找出这些图形的变化规律，推断出问号格里应该填入几号图形。

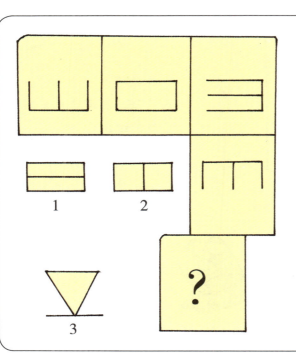

答案

图形 3。因为第一、二行的五个图形都具有三条直线和一个直角或六条直线而无直角的特征，因此图形 3 符合这一特征。

答案

应填入 3 号图形。因为每个图形都是由四条线段组成的。

问题

请你仔细观察方格中图形的变化规律，推断出问号格里该填入几号图形。

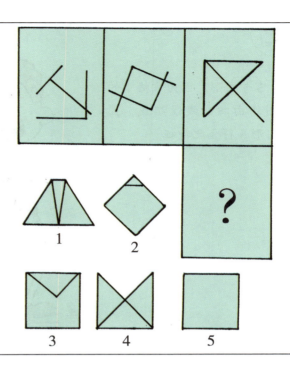

问题

选图形

请你仔细观察方格中图形的变化规律，推断出问号格里填入几号图形合适。

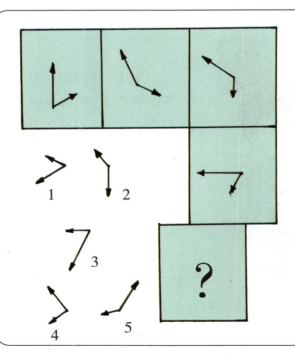

答案

　　5 号图形。因为方格中的各图均由四条线段组成，因此图形 5 符合此特征。

答案

　　应选 1 号图形。因为各图形中的分针每隔一个图形退后一个刻度，而时针则拨前两个刻度。

问题

选图形

请你仔细观察方格中图形的变化规律，推断出问号处该填入几号图形。

1 2 3 4 5 6

问题

箭头方向

请你仔细观察方格中箭头的变化规律，推断出问号处箭头应朝哪个方向。

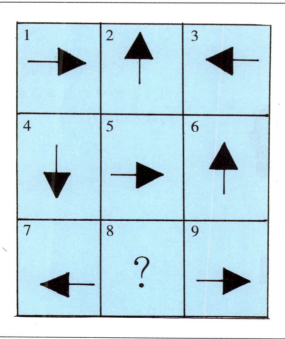

答案

3号图形。因为每一行的三幅图形中有两幅方向朝上，一幅方向朝下；朝上的两幅图形中的圈数相减即为朝下图形的圈数。故选图形3。

答案

箭头朝下（如左图）。因为方格中的箭头沿逆时针方向旋转。

填图形

请你仔细观察前两行图形的变化规律，推断出问号处应该是怎样的图形。

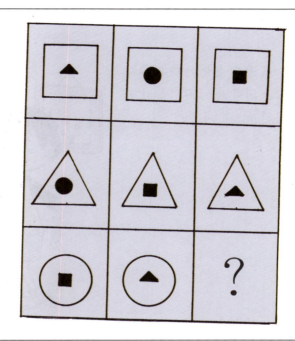

独特图形

请你根据这些图形的变化规律，推断出哪一个图形独特。

答案

从图形变化的规律不难看出，问号处的图形应该如右图所示。

答案

图形5独特。因为其他图形均可倒置，且与原图形无任何区别。

问题

对应图

如果图形 1 与图形 2 相对应，那么图形 3 应该与下面的四个图形中的哪一个相对应？

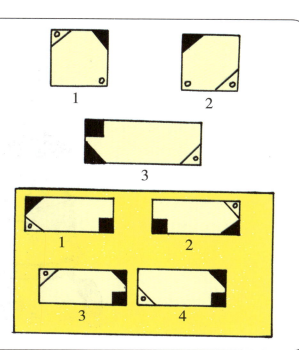

问题

娃娃脸

请你根据三行娃娃脸图的变化规律，在各空白处画出合适的娃娃脸图形。

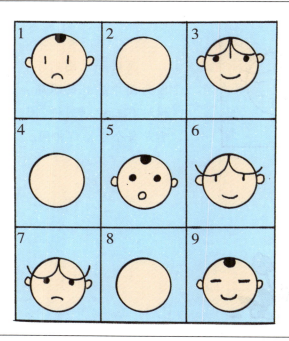

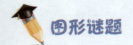
答案

与图形 4 相对应。因为以右边为轴整个图形向右翻转 180 度，再将右上角的部分与右下角的部分对调，即为图形 4。

答案

画法如左图所示。因为图中娃娃的眼睛，横排有三种，竖、横、圆。嘴是每个竖排都相同。

问题

请你仔细观察方格中图形的变化规律，推断出问号处填入几号图形合适。

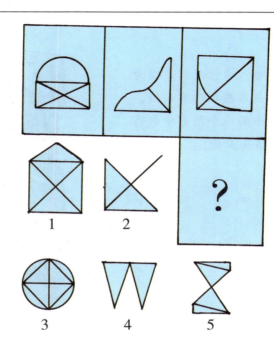

问题

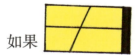 如果　　　变作

那么　　　变作

选图形

请仔细观察和思考图形变化规律，推断出下排几号图形可以选入横线处。

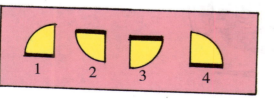

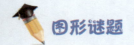

答案

填入 3 号图形。因为方格内各图形均有曲线，而给出的五个图形中只有图形 3 有曲线。

答案

应选 1 号图形。因为左图的右下部是按顺时针方向旋转 180 度，即为右图，故应该选图形 1。

选 1 号。

问题

填图形

请你仔细观察每行图形的变化规律，推断出问号格里应该填一个什么样的图形。

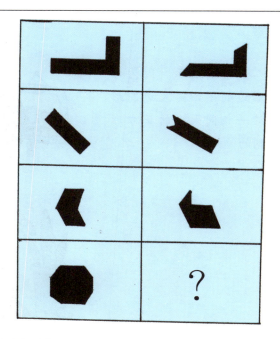

问题

相对图形

如果第一行的第二个图形是第一个图形的分割，那么，请你推断一下，第一行的第三个图形应与下面五个图形中的哪一个相对应。

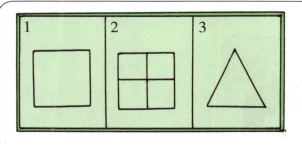

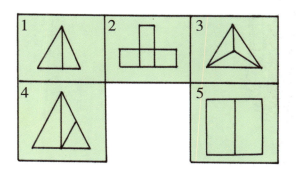

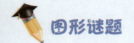
答案

　　如右图所示。因为每行右边的图形是左边图形去掉一相同大小的正方形得到的。

答案

　　图形 3。因为正方形分成了四等份小正方形，则三角形应分成三等份小三角形。

问题

对应图形

如果上排图中第一个图形与第二个图形相对应，那么第三个图形与下面的几号图形相对应？

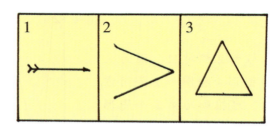

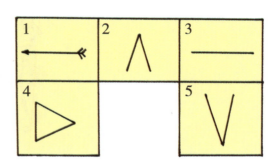

问题

对应图形

如果上图1和2相对应，那么图3应与下面哪个图形相对应？

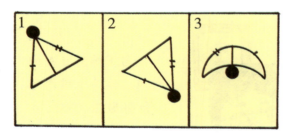

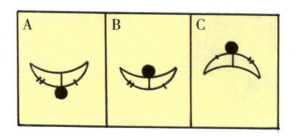

　　与图2相对应。因为上面的图形1和图形2是同方向的，可推知与第三个图形相对应的图形也应与它同方向。

　　与下排图形A相对应。因为上排图形1和图形2是相反方向，并能相反重叠，可推知与第三个图形相对应的图形也应与它反方向重叠。

问题

猫头图

右上图有 9 只猫的头部形状，请你在下面 1～6 号图形中选一个正确的图形放到问号处，请你根据猫头部形状、身体形状、胡须根数及尾巴的位置做出判断。

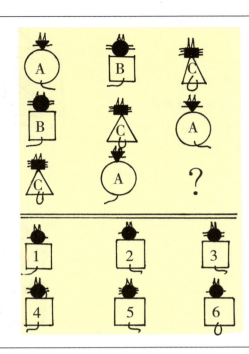

问题

缺少的图形

请你仔细观察第一横排图形的变化规律，依照规律选出第二横排问号处应填的图形。

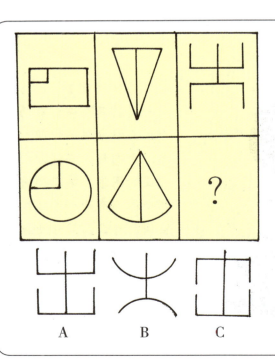

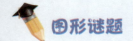

答案

应选4号小猫图形。因为上面的图形是按 ABC、BCA、CAB 的规律变化的。

答案

应选图形B。因为第一排前两个图形有两个由直线分隔的空间，第三个图形为直线方向相反的图形。第二排前两个图形有两个带弧线空间，那么，问号处应为弧线方向相反的图形，即图形B。

对号入座

请你仔细观察方格中图形的变化规律，推断出下面哪个图形填入问号格里比较合适。

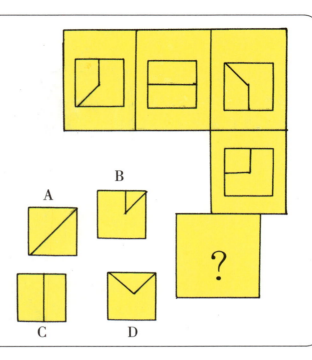

A

B

C

D

不同的箭头

这儿有五个箭头，请你找出其中哪一个与众不同。

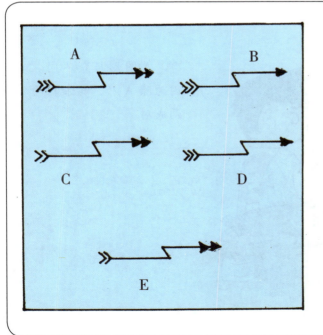

145

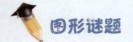

答案

应选图形 B。两条线按顺时针方向每次分别转 45 度和 90 度。

答案

A 图形与众不同。因为除 A 外，其余的两两成对。

不同的图形

这里有四个图形，请你仔细观察后找出哪个图形与其他三个图形不同。

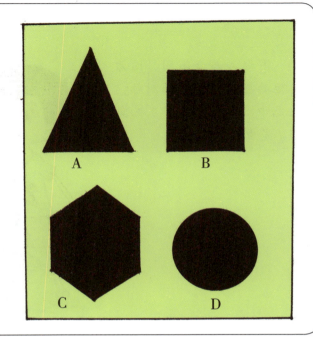

问题

不同的脸

这里有五个脸谱，请你仔细瞧瞧，指出其中哪幅图与众不同。

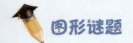
答案

图形 A 与众不同。因为其他的图形都既是轴对称，又是中心对称，只有正三角形不是中心对称。

答案

图形 B 与众不同。因为其他图都是向左看不高兴，向右看微笑。

问题

火柴人

请你根据右图中 1~6 这几个火柴人的排列规律，推断出接下来应该排列的是 A、B、C 中的哪一个。

A   B   C

问题

独符图形

这里有四个图形。请你找出哪一个图形独特。

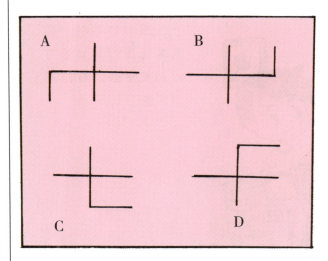

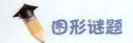

答案

应为图形 B。因为从图形 2 开始，每个图形是上一图形增加一条线所得。

答案

图形 D 独特。因为其他图形转动后可以相互重合，而 D 图形不能。

请你仔细观察，根据指针的变化规律，推断出 E 钟面的时间是几点。

A

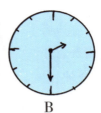
B

C

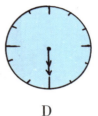
D

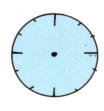
E

猜符号

如左图所示，符号
●、△、╳ 填入 25 个空格中，每格一个。那么，问号格所在一格应该是什么符号？

●	╳	△	●	●
△	╳	△	╳	╳
╳	●	●	△	△
●	△	╳	●	●
?	╳	●	△	╳

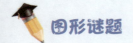

答案

指向 8：00。因为每个钟面时间小时增加 2 小时，分钟增加 30 分钟。

答案

应填三角形。因为其排列规律是从中心向外，按照圆、三角形、叉的顺序沿逆时针方向旋转着填充的。

找不同

请你仔细观察右侧的各图形，找出哪一幅不同于其他四幅图形。

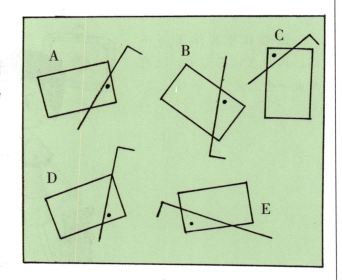

问题

填图形

请你仔细观察左面两组图形，依据第 1 排图形组合的规律，将第 2 排图形补齐。

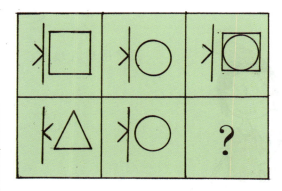

A

B

C

D

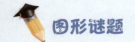

答案

图形 B 与其他图形不同。因为在该图形中，没有形成一个三角形。

答案

应将图形 A 填入。

问题

谁独特

这里有六个图形，请你仔细瞧瞧，找出哪一个图形独特。

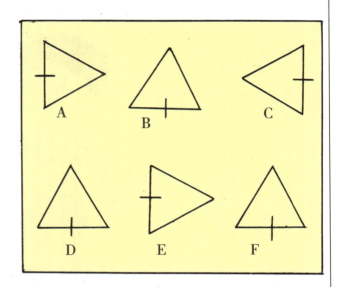

问题

独特图形

这里有五个图形，请你仔细瞧瞧，找出哪一个图形独特。

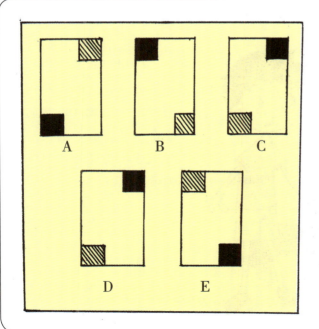

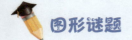

答案

图形 A 到 B 是逆时针，B 到 C 是逆时针，C 到 D 是顺时针，D 到 E 是顺时针，E 到 F 是逆时针，所以 D 图形独特。

答案

C 图形独特。因为图 A 和 D、B 和 E 成对，每对可经转动 180 度的完全一样，图 C 转动后条纹方向与其他图形不同。

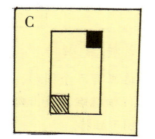

对应

如果图形 C 与图形 D 对应，那么图形 E 与谁对应？

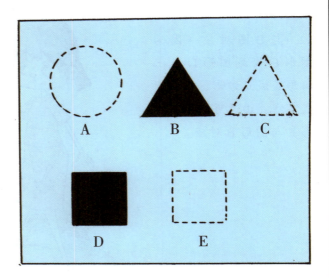

找图形

这里有五个图形，请你找出哪一个图形独特。

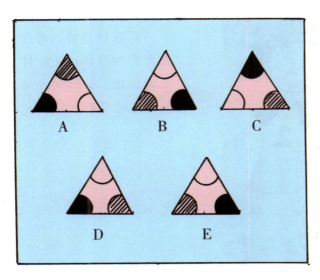

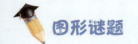
答案

与 B 图对应。因为图形 C 变到图形 D 是三角形变成正方形，虚线变成实线。由此可推知，图形 E 与图形 B 对应。

答案

图形 D 独特。因为三角形内图案按逆时针方向转动，图 D 的方向与其他的不同。

图书在版编目（CIP）数据

图形谜题/王维浩编著. --长春:吉林科学技术
出版社,2017.7
（锻炼脑力思维游戏）
ISBN 978-7-5578-1921-7

Ⅰ.①图…Ⅱ.①王…Ⅲ.①智力游戏－少儿读物
Ⅳ.①G898.2

中国版本图书馆CIP数据核字(2017)第052383号

锻炼脑力思维游戏：图形谜题
DUANLIAN NAOLI SIWEI YOUXI: TUXING MITI

编　　著	王维浩	
编　　委	牛东升　李青凤　王宪名　杨　伟　石玉林　樊淑民	
	张进彬　谢铭超　王　娟　石艳婷　李　军　张　伟	
出 版 人	宛　霞	
责任编辑	吕东伦　高千卉	
封面设计	长春美印图文设计有限公司	
制　　版	雅硕图文工作室	
插图设计	刘　俏　杨　丹　李　青　高　杰　高　坤	
开　　本	710mm×1000mm　1/16	
字　　数	100千字	
印　　张	10	
版　　次	2017年7月第1版	
印　　次	2020年12月第3次印刷	

出　　版　吉林科学技术出版社
发　　行　吉林科学技术出版社
地　　址　长春市福祉大路5788号出版集团A座
邮　　编　130118
发行部电话／传真　0431－81629529　81629530　81629531
　　　　　　　　　　81629532　81629533　81629534
储运部电话　0431－86059116
编辑部电话　0431－81629516
印　　刷　永清县晔盛亚胶印有限公司

书　　号　ISBN 978-7-5578-1921-7-02
定　　价　32.00元